Los mapas son planos, los globos son redondos

Maps Are Flat, Globes Are Round

Meg Greve

ROURKE PUBLISHING

Vero Beach, Florida 32964

www.rourkepublishing.com

PHOTO CREDITS: © Slobo Mitic: Title Page, 18, 23; © Maria Zhuravleva: Title Page, 7, 22, 23; © Carmen MartÃnez BanÃºs; © Marc Lantrok: 4, © MACIEJ NOSKOWSKI: 5; © suemack: 5; © iofoto: 9; © Valerie Loiseleux: 11; © exi5: 13, 19; © Jan Tyler: 14; © Carmen Martínez Banús: 15, 22; © lara seregni: 16; © Martin Strmko: 17, 22, 23; © Sergiy Zavgorodny: 21

Edited by Jeanne Sturm

Cover design by Nicola Stratford bppublishing.com
Interior design by Renee Brady
Bilingual editorial services by Cambridge BrickHouse, Inc.   www.cambridgebh.com

Library of Congress Cataloging-in-Publication Data

Greve, Meg.
  Maps are flat, globes are round / Meg Greve.
     p. cm. -- (Little world geography)
  Includes bibliographical references and index.
  ISBN 978-1-60694-417-2 (hard cover)
  ISBN 978-1-60694-533-9 (soft cover)
  ISBN 978-1-60694-584-1 (bilingual)
  1. Maps--Juvenile literature. 2. Globes--Juvenile literature. I. Title.
  GA105.6.G74 2010
  912--dc22
                          2009006019

Printed in the USA
CG/CG

ROURKE PUBLISHING

www.rourkepublishing.com - rourke@rourkepublishing.com
Post Office Box 643328 Vero Beach, Florida 32964

Un **mapa** es plano.

A **map** is flat.

Un mapa tiene colores como
verde o azul.

A map has colors like green or blue.

El mapa nos da una vista desde arriba.

A map gives us a bird's-eye view.

5

Un **globo terráqueo** es redondo y tiene una **base**.

A **globe** is round and has a **stand**.

Dale vueltas para ver los **océanos** y los continentes.

Turn it around to see the **oceans** and continents.

Hay muchos tipos de mapas: algunos son grandes, otros son pequeños y fáciles de sostener.

There are many different types of maps: big ones and little ones that are easy to hold.

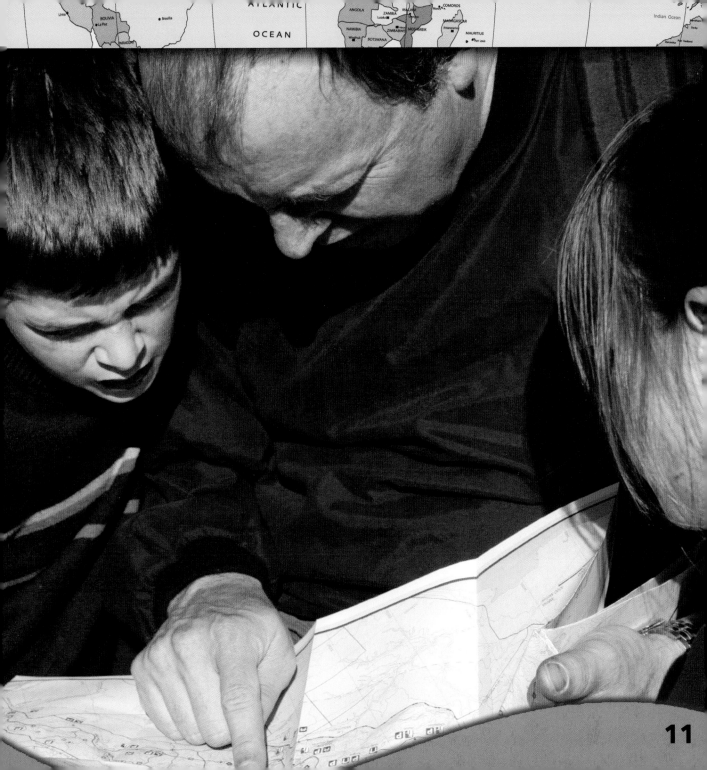

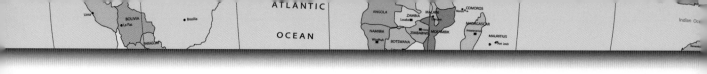

Los mapas de calles nos muestran por dónde conducir los carros.

Street maps show us where to drive cars.

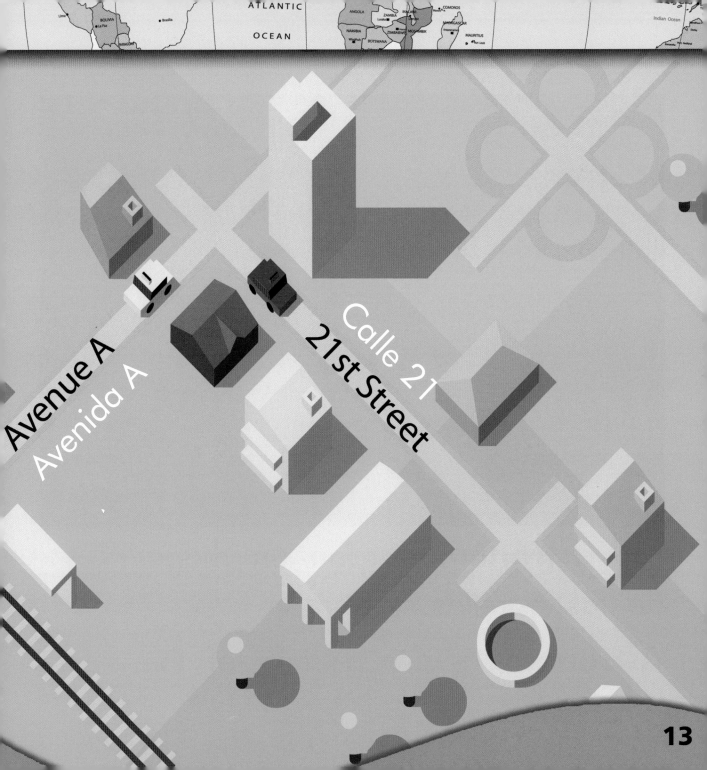

Avenue A

Avenida A

Calle 21

21st Street

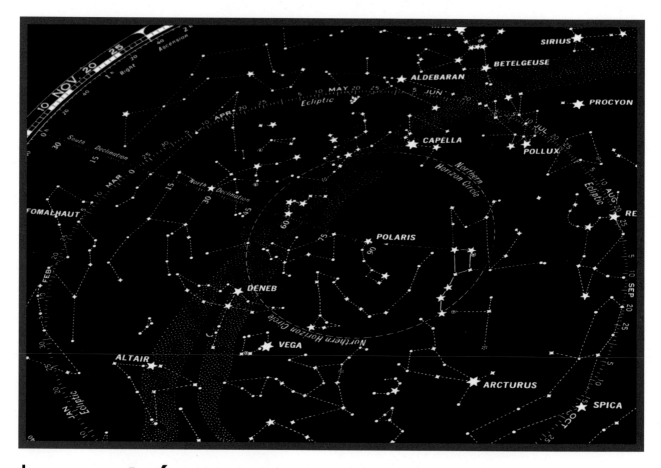

Los **astrónomos** usan un mapa
de las estrellas.

Astronomers use a map of the stars.

14

Los **buzos** usan mapas para explorar el fondo del mar.

Divers use maps to explore the ocean floor.

Podrías usar un mapa para encontrar una juguetería.

You might use a map to find a toy store

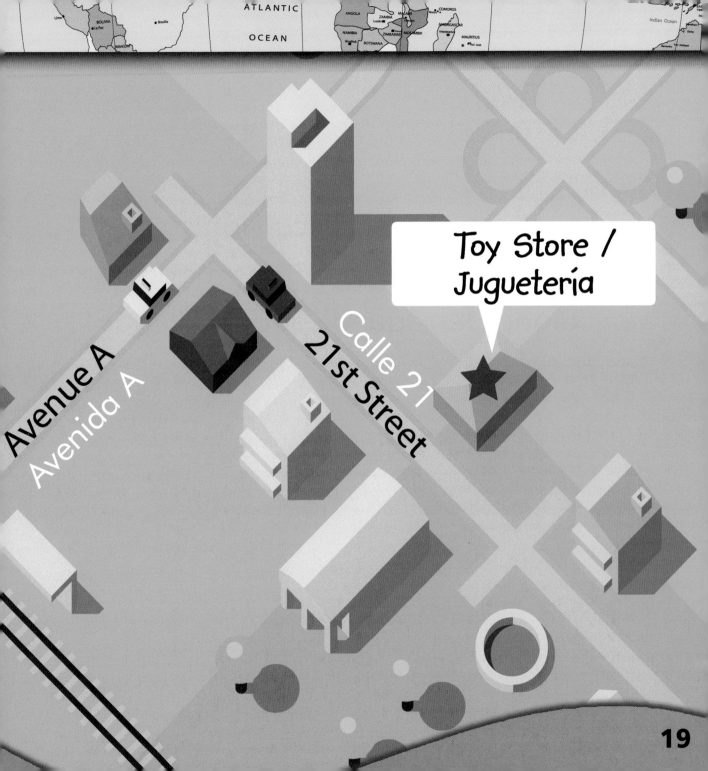

Si te gusta hacer excursionismo, correr o pasear, con un mapa o un globo terráqueo podrás llegar a casa.

If you like to hike, walk, or roam, a map or globe will get you home.

GLOSARIO / GLOSSARY

astrónomos: Los astrónomos son personas que estudian los cuerpos celestes. Los astrónomos usan mapas de las estrellas, telescopios y computadoras para estudiar el universo.
astronomers (uh-STRON-uh-muhrz): Astronomers are people who study objects in outer space. Astronomers use maps of the stars, telescopes, and computers to study the universe.

base: Una base mantiene un globo terráqueo en su lugar. A veces el globo está fijo a la base y a veces puedes quitarlo de esta.
stand (STAND): A stand holds a globe in place. Sometimes the globe is stuck on the stand. Sometimes you can take the globe off the stand.

buzos: Los buzos son personas que nadan en aguas profundas. Tienen que llevar equipo especial para poder respirar bajo el agua.
divers (DYE-vurs): Divers are people who swim down into deep water. They have to wear special equipment that lets them breathe under water.

globo terráqueo: Un globo terráqueo es una esfera o un modelo con forma de pelota, con un mapa de la Tierra. Muestra las grandes masas de tierra y agua, como los continentes y los océanos.

globe (GLOHB): A globe is a sphere or ball-shaped model with a map of the Earth printed on it. Globes show larger areas of land and water, such as continents and oceans.

mapa: Un mapa es un dibujo que muestra dónde están los pueblos, calles, ríos o montañas. La gente usa mapas cuando necesita saber cómo llegar a algún lugar.

map (MAP): A map is a drawing that shows where towns, roads, rivers, or mountains are. People use maps when they need to know how to get somewhere.

océanos: Los océanos son las masas de agua más grandes de la Tierra. Su agua es salada. Hay cinco océanos principales: el Pacífico, el Atlántico, el Índico, el Ártico y el Antártico.

oceans (OH-shuhns): Oceans are the largest bodies of water on Earth. The water is salty. There are five major oceans: the Pacific, Atlantic, Indian, Arctic, and Antarctic.

Índice / Index

Visita estas páginas en Internet / Websites to Visit

www.funbrain.com
www.enchantedlearning.com/usa/states
www.maps4kids.com
www.fedstats.gov/kids/mapstats
kids.nationalgeographic.com

Sobre la autora / About the Author

Meg Greve vive en Chicago con su esposo, hija e hijo. A ella le encanta estudiar mapas e imagina viajes a lugares nuevos y diferentes.

Meg Greve lives in Chicago with her husband, daughter, and son. She loves to study maps and imagines traveling to new and different places.